AF607166

LA BELLEZA DEL OTRO

ANTONIO PRAENA

LA BELLEZA DEL OTRO

Premio de Poesía Hermanos Argensola 2024

VISOR LIBROS

VOLUMEN MCCXL DE LA COLECCIÓN VISOR DE POESÍA

Un jurado compuesto por Jesús García Sánchez, Antonio Lucas, Carlos Marzal, María Ángeles Naval, Juan Vicente Piqueras y Benjamín Prado, presidido por Aurora Luque, concedió a este libro el Premio de Poesía Hermanos Argensola de 2024, promovido por el Ayuntamiento de Barbastro.

Cubierta: Joaquín Puga

Isaac Peral, 18 - 28015 Madrid
www.visor-libros.com

ISBN: 978-84-9895-590-3
Depósito Legal: M-20239-2024

Impreso en España - Printed in Spain
Gráficas Muriel. C/ Investigación, n.º 9. P. I. Los Olivos - 28906 Getafe (Madrid)

Nuestra palabra inicial se llama belleza.

Hans Urs von Balthasar

I
UNA PALABRA SUYA

El amor es la supervivencia del yo
a través de la alteridad del yo.

ZYGMUNT BAUMAN

PORQUE ALGUIEN

Sucede algunas veces en la cárcel.
También en alta mar,
un taller de costura
o un bajo clandestino donde cientos
de manos nepalíes replican zapatillas.

Lo puedes escuchar en un mercado
del centro de Madrid o en una calle
alfombrada de mantas y de negros
que venden copias falsas de relojes.

Son golpes de cuchara contra el suelo,
contra el acero *Cor-ten* de las puertas,
un silbo entre las matas de pepinos,
o espejos destellando en los balcones.

Alguna vez es lluvia de papeles
que, ardiendo en plena noche,
desciende por los muros del presidio
desde las alambradas hasta el patio.

Significa que alguien
ha alcanzado una orilla,
ha dado a luz mellizos en la aldea

o ha muerto como un sabio de su tribu.
Un primo y una prima se han casado.
Un barco de jureles entra en puerto.
Alguien vuelve a su casa.

Ocurre en ocasiones un lenguaje
que empieza y que termina en su lenguaje.
No puede traducirse
más allá de las rejas, los puestos del mercado
o el plástico ambarino de los invernaderos.

Aturde como un claxon de camiones
o un rugido de motos
carente de sentido para el resto
de los que transitamos.

Pero quien tiene que entender,
lo entiende y lo replica,
lo da a luz y lo oculta.

Efímero, el idioma
perdura entre los signos lo ajeno a la sintaxis.

Sin embargo, es lenguaje:
sostiene la esperanza por un día.

15 DE OCTUBRE

Me perdí esa palabra:
nunca le dije «padre»,
sino solo «papá»,
cosas de haber nacido en los setenta.

Dos años y ocho meses me ha llevado
asumir lo que es obvio.

Ahora comprendo que soy ese
que ya no tiene padre.

5.ª DE MAHLER

No hay gloria para un robot.
TÁR

A orillas del Ucayali,
los Shipibo-Conibo
escuchan en el canto la voz de los ancestros.

Lo que llamamos música no existe.
No hay sujetos que engendren
distinta vibración: vibran en ella.

Los muertos están vivos y los vivos
no son voz de los muertos,
sino los mismos muertos
que vuelven a cantar en la voz de los jóvenes.

Tampoco hay un pasado y un futuro.
Hay un flujo continuo cuyo objeto y sentido
consiste en un nosotros que acoge su nosotros.

Quien canta está escuchando
por arte de la tribu. Y viceversa:
allí donde está uno, entonan todos

siempre el mismo fragmento.
No se puede aprender:
transcurre si tu alma corre unida a la fuente
que está manando ahora hace mil años.

Tampoco deja gloria en el poeta:
o está muriendo ahora o es que no vive.
O es voz antepasada o no habrá canto.

Terriblemente ajeno es lo más propio.
En este instante
junto al río Ucayali,
los Shipibo-Conibo
no escriben ni siquiera este poema.
No realizan belleza distinta a la esperanza.
Traen mi padre a esta orilla
si estás oyendo esto.

____+

Se ha puesto de apellido el nombre *de la Cruz*:
de-la-Cruz.
Pero no escribe *la Cruz*, la dibuja
directamente unida a las palabras.

No es un emoticono del siglo dieciséis.
Desde el principio fue un fracaso,
y me refiero al siglo uno
de esta era y de todas,
un patíbulo inmundo también para los ojos
de los primeros seguidores.

Y él se nombra con ella. Con su nombre la arrastra.

El lastre, en realidad, es un velero
fueraborda y abstracto
de pura concreción.

Si el nombre hubiera sido *de la luz*,
o simplemente *Juan*
—os lo pregunto—,
¿qué signo habría pintado?

FUNAMBULISMO

> (…) *Tenerlo todo debajo*
> *de los pies y estar desasidos.*
>
> Santa Teresa de Jesús.
> *Camino de perfección*, 3, 4

Inestable es la red que nos une a los otros,
inconstante su pulso y, a intervalos
que no sabemos bien a qué responden,
el miedo y el amor entran y salen
de nuestro corazón funambulista.

Distinta, sin embargo, hay otra red
que acoge nuestro cuerpo cuando cae
del filo de qué cable hacia qué abismo.

Su tenso estar abajo es quien nos salva:
un ciego *aquimetienes* prometido
más allá de este alambre,
                                        de este en línea y en hora.

La ciega libertad no es casi nada
si no abandona en otra su locura.
                                                  El equilibrio
consiste en resbalar cuando obedece

a un grito de llamada que en su humilde
humano desamparo
nos saca del camino conocido.

Del vértigo en picado nos rescata,
transforma la caída en puro arte.

La red que nos recoge ya estaba en el principio.
Convierte este fracaso en nuevo impulso.
Nos empujó a volar. Nos pone de rodillas.

BIFRONTE

Escucho una canción reiterativa.
Son los viejos compases el próximo estribillo
en esta consonancia que va y viene.
Unas notas escasas
que serán infinitas por el curso
de idénticas variantes.
Suenan donde estuvieron,
suceden sobre algo sucedido.

Pasa igual en nosotros.
Futuras pesadumbres dan memoria
a esta alegría del presente
que es eco del dolor que nos aguarda.

Apacigua y azota, porque no es la belleza
lugar para cobardes.
                                        De todos es sabido

que encierra la alegría un don bifronte
cuya sola virtud
consiste en no dejar el alma en paz
poniendo algo de paz en los sentidos.

FACULTAD DE TEOLOGÍA

(…) *Que aun palabras suyas,*
dichas en romance nuestro,
no se pueden entender.

SANTA TERESA. *Conceptos*
del amor de Dios, 1, 2

Son médula de un cuerpo que ha quebrado sus huesos.
Tan fuera están del mundo,
que son parte del mundo sin que el mundo lo sepa.

Algunas llevan velo,
otras son monjas feministas.
Los hay con clériman romano
y una barba poblada.
El más moderno luce sus tatuajes
con palabras en griego y zapatillas
de color estridente.

Los que menos sospechan quemaron ya sus naves.
Otros, en cambio, volverán
a los mares de Jonia
en busca de otro amor tras esta escala.

Les calcina los pies el mismo fuego.
Son zarza en la que arde
esa hoguera perpetua que en el libro
del Éxodo ya hablaba con Moisés.

Para ellos soy un torpe profesor
de edad poco precisa;
un tipo que da clases de esperanza,
de fe, de caridad y que confunde
el dios del Holocausto con el dios de Aristóteles.

Pero yo he sido un día uno de ellos,
y lo tengo presente.
Fui también alcanzado por la misma hermosura
que sedujo a Agustín
y a la Madre Teresa allá en la India.
Y, acaso como ellos, también me pregunté
qué haría con mi vida
si mi vida acabara al día siguiente.

Y elegí caminar.
Y en dar pasos me empeño
hablando del camino aun a sabiendas
de mi propio extravío.

La mirada del otro abre dinteles
donde solo había roca,
y hallamos nuevas rutas donde antes tropezábamos.

Nos une la extrañeza.
La extrañeza nos guía.

Se encuentra la verdad cuando se pierde
la propia sensatez para aceptarla
de los ojos ajenos.
Lo extraño es lo más propio
y ha venido en la carne. Está sentado
a la diestra del otro
también en los pupitres.

Y un día ha de volver.
Tal vez nunca se ha ido.

APRIORIS

Viene a clase los martes y los jueves.
Se llama Guadalupe y ronda los 60.
No tiene ordenador. Usa un solo cuaderno
en el que apunta algunas frases
con el pulso extrañado
de quien no acaba de entender
palabras en latín mal traducido.

Sus ojos se agigantan y sonríe
cada vez que dibujo en la pizarra
garabatos que ilustran el misterio
uno y trino de Dios.
                                        Cuando acaban las clases,
sobre las 9 de la noche,
comienza su trabajo. Cuida enfermos.

Recoge en su mochila la libreta.
Sale a prisa del aula. Va feliz:
mi asignatura le divierte.

Se marcha como vino, imperturbable,
y, al verla, recupero la confianza
en este viejo oficio de explicar
los misterios eternos.

Le voy a poner 10,
escriba lo que escriba en el examen,
pues sabe más de Dios que los juiciosos
que han escrito de Dios
desde trascendentales *aprioris*.

En este fin de ciclo,
cuando algo está acabando también dentro de mí,
le quiero dar las gracias,
por su escéptica fe, a Madre Guadalupe.

VOTOS PERPETUOS

Hay cosas que no sirven para nada.
En ellas he empeñado el cuerpo entero.
Quedan dichas en dos endecasílabos,
que han pasado de moda y ya no son del mundo.
Dios y el arte no cuentan.
Me alegra ser inútil.

ACLARADO

La poesía es un lenguaje que no
comprendemos, pero que nos entiende.

T. S. Eliot

A lo muy farragoso de entender o decir
ningún apego tengo.
La urgencia de verdad
exige ser muy claro hasta en lo oscuro.

La humildad y la hondura
son formas de decencia inseparables
de la mano que lava y la que escribe.

Aquello que está limpio, huele a limpio
de lejos y de cerca.

Si entiendes esta historia, estoy salvado.
Un Dios que no se aclara es un Dios muerto.

LINOTIPIA

Solo hay una manera de ser
bueno. Muchas de ser malo.

Aristóteles.
Ética a Nicómaco, II, 6

No todas las mañanas se despierta
la luz del mismo lado,
ni en todos los kioscos es noticia
la virtud de los hechos.

Hay cierta claridad que viene dada
por las manos que asean lo que otras han escrito:

si hermanan en matriz los caracteres
o simplemente agolpan,
si corrigen las faltas, o solo le dan eco
devolviéndole al mundo
su ruido narcisista.

Si abren margen al otro o contraponen
hierros contra otros hierros.

Este apunte no es solo
la renta de un instante solitario.

Si no llega hasta ti,
tampoco será mío, y ahora espera
el arte que lo imprima,
la noche que lo incube
hasta el día siguiente, esa mañana
en que ya no estaré
pero me habré quedado
en algo más legible que nosotros.

VIVIR PARA CONTAR

Me pongo en situación, saco las conclusiones.
¿Por qué he sobrevivido?
Para contarlo, me respondes.
Obedezco a tu voz. Lo digo ahora
omitiendo detalles, restando trascendencia
a que tú ya estés muerto mientras te hago preguntas.

Decir es comulgar con lo que avanza,
mantener en el mundo
a aquellos que no están y, de algún modo,
nos ponen a nosotros en un tiempo
futuro y permanente de puro fugitivo.

Dar fe de lo ocurrido es una forma
de desaparición.
Hablar es perdonar. Hablarte, una manera
de hacerme llevadero,
un acto de esperanza por arte del lenguaje.

Si es poema o no es, solo nadie lo sabe.

HUMILDAD

Pero también los perrillos comen
bajo la mesa las migajas de los niños.
Mc 7, 26-29

El otro, el totalmente
distinto, la palabra,
no ha venido del cielo
para ser plato de segunda mesa.

Mejor ser las migajas
de pan que van cayendo del mantel
y sirven de alimento a los *perrillos.*

Lo dijo una mujer sirofenicia
pidiéndole un milagro a un forastero.

LOS EXTINGUIDOS

Es un dato admitido por la comunidad científica.
Los machos neandertales fecundaron
a hembras homo sapiens.
Qué especie se extinguió y qué especie perdura
resulta una cuestión mal planteada.
Perdurar o extinguirse
son verbos abolidos por los hechos.
Hay genes neandertales
cuando decimos nosotros:
la masa muscular, la pasión por el fuego,
un fervor de manada,
el culto a los difuntos y a los dioses.

El símbolo es la base del lenguaje.

No sé si lo más sabio de los llamados sapiens
nos acerca a un origen
rudimentario y subrepticio.
La hipótesis me gusta.
Me dice que en los otros,
aquellos que creímos acabados,
nos precede y aguarda
el hombre que ya somos.

HUMUVIA

No siempre es necesaria la palabra
que define las cosas.
Y menos necesaria la que intenta
la unión de los opuestos.
El olor que desprende la tierra tras la lluvia
estaba ya en la tierra y en la lluvia
y en ninguna de ellas por sí sola.
Humuvia lo han llamado,
pero no era preciso.
Tan solo la memoria necesita
renombrar su recuerdo,
y a nadie se le oculta
que es cosa del futuro la memoria.
Por ello, es mi deseo que regrese
lo que una vez olí
sin saber de su nombre.
Y olvidarlo de nuevo
para hacerlo posible.

TRADUCCIÓN INVERSA

El resto se sigue de aquí.
NIETZSCHE

Se ha tatuado en el pecho palabras de la Biblia:
faith over fears.
La traducción inversa del versículo inglés
al griego original del primer siglo
no aparece en San Pablo.
Tampoco en los sinópticos.
No coincide con nada del Nuevo Testamento.
No hallamos rastro en Séneca
ni en ningún talmudista
cuyas fechas concuerden, año arriba o abajo,
con las fechas de Cristo.

No hay en la Antigüedad exacta arqueología
de lo que trasladamos al ahora.
Y viceversa:
viajar de lengua en lengua nos desplaza
a un siglo que no existe.

Sin embargo, hay verdad
escrita en cualquier músculo:

en las páginas sacras y en el libro pagano
de la naturaleza, cuyo autor es el mismo.

Paráfrasis diversas en instantes
iguales a los nuestros
abren al infinito la carne de la fe.

Vence al miedo la fe.
Pero quién tiene fe, quién se confía
al cuerpo del que solo
conocemos las llagas. Al poder
que no puede. A una vida que sufre
exactamente igual que sufriremos
nosotros. Quién no teme
esta doble tristeza que nos sale
al paso en cada cosa.
                                        Y, sin embargo,
quién puede caminar si no confía.

Se ha tatuado en el pecho estas palabras
que ahora transcribimos. Si algo dicen,
más allá de sí mismas,
será que entre los cuerpos se revelan
idiomas que no pueden traducirse.

LA DIFERENCIA

Por cursi que parezca,
hay ausencias más crueles que la muerte.
De los muertos conoces su destino
o, al menos, lo que crees de su destino:
que están en sus infiernos o en sus glorias.
Quizá que ya son nada o que son todo.

Pero de algunos vivos no recibes
noticia ni lenguaje.
La diferencia es la esperanza
que has puesto o has perdido.
Y, aun así,
hay siempre un excedente en la esperanza.

II

EL TODO EN EL FRAGMENTO

PAPÁ

Nunca sabremos bien hasta qué punto
permanecen en la memoria
los rostros que tocaron nuestros dedos
justo al instante de nacer.

Va llegando la gente, familiares,
personas que hace tiempo que no he visto
y voces que creía ya olvidadas.
Mi madre los saluda, se dan besos,
mientras buscan mis manos
la Epístola Paulina entre las hojas
de un viejo leccionario para exequias.

Con suma pulcritud, las mismas manos
alisan los manteles, recolocan
las hostias, el misal, los corporales.
Son las manos de un hijo
a punto de oficiar el sacramento
en el primer aniversario
de su padre difunto.

Descubro de repente que está aquí,
sentado entre los bancos de la iglesia.

He dado un par de pasos hacia él.
Su piel conserva intacta cada arruga,
pero mira hacia mí
igual que en los retratos de su boda.
Es aquel joven serio y es el hombre
del último verano, cuando dijo
«ya no me abrazas como antes».
Es todos los que ha sido.

Sigo avanzando hacia mi padre,
hasta que al fin puedo tocarlo.

Los rostros que palpamos al nacer,
cuando aún no hay memoria ni tampoco
del todo hemos nacido,
se quedan en nosotros aguardando
ser palpados de nuevo.

La memoria no es cosa
varada en la consciencia.
Tampoco me refiero al inconsciente.
Es algo que se toca más allá del recuerdo.
Suele ocurrir en espacios sagrados.
Prescinde de razones. Perdura y eso es todo.
Todo el cuerpo conoce
quién ha sido su padre.

CALLO

A Antonio Lucas

Con las botas de agua y una azada a los hombros,
intento hacer ahora lo que nunca he sabido:
regar huertos, mantener en la tierra
los árboles plantados por tu mano.

Nunca lo imaginaste. Yo tampoco,
pero la realidad es más fecunda
que las proposiciones futuribles
hechas en el pasado por un padre a su hijo.

Si me vieras así, quizás te reirías:
las botas me están grandes y la azada
deja un callo en mis dedos.

Sufrir es una forma de homenaje
que implica a todo el cuerpo aun cuando solo
deje un callo en la manos

que me injerta en tu muerte, que transforma
mi piel en tu escritura.

DÉDALO

No he podido enterrarte,
porque eres mi conciencia.

No usaste imperativo
—quédate—,
sino el tiempo futuro
—caerás—,
así como perífrasis verbales
—vas a caer—
que no eran advertencia sino solo
precisa profecía.

Ni hacia el sol que derrite la cera de las alas,
ni en la espuma que lastra las ansias de despegue:
vuela siempre en el medio.

Verme nacer,
saber del laberinto y de sus hilos,
te dio la potestad de hacerme libre.
Predecir mi futuro
debió frenar mi vuelo. Y, sin embargo,
no usaste imperativo,
cayendo en mi caída.

CANCIÓN DE TÁLAMO

—*¿Tú qué lado de la cama prefieres?*,
te preguntó mi padre antes de ser mi padre.

Y en ese lado me lo encontré muerto.

De mis 47 años
la muerte no os separa.

DESHORA

Llego siempre a destiempo a todas partes,
por ejemplo, a este siglo
que intento comprender y que resulta
profundamente incomprensible
y al que busco razones, a sabiendas
que el siglo de la luz ya se ha extinguido.

Llego tarde a los brazos
que a ciegas perseguía y ya abrazaban
mi cuerpo sin que yo me diera cuenta.

Tarde a la vida de mi padre,
que me amó hasta morirse en su casa del pueblo.
Muy tarde a los motivos que no dije,
porque él ya los sabía;
muy tarde a las palabras que no dijo
para que yo las busque ahora.

Acudo con demora a las esquinas
que acusan mi tardanza
y al eco que regresa desde ellas
cuando ya no es un eco, sino el muro.

Incluso a las mentiras con que intento
deciros la verdad antes que esta
se convierta en olvido,
llego también con retraso.

Hay algo en las llegadas que se ausenta
si intentas retenerlo.
De una forma o de otra,
las cosas son distintas al mirarlas
después que han sucedido.
Ya no son lo que eran.
Y menos lo que fueron.
Y menos son aún
lo que pudieran haber sido,
porque es noche y la noche

somos todos los lentos que vagan por el mundo.

LA BELLEZA

Quién no ha visto una tumba del siglo veintiuno
cuyo mármol con fechas
y nombres es anuncio de la aurora.

Quién no ha visto flamencos
tan rosados y juntos
que aquello daba igual sobre qué cementerio
volaban y a qué orilla.

Quién no ha visto a mi padre
muerto pero dormido,
completamente muerto pero solo dormido,
confiado en despertar por la mañana
que sigue a tanta venda,
la que sigue al cansancio de los justos;
la segura mañana en que salir
del mármol, de las alas, del sepulcro
y abrazarme de nuevo,

que lo sigo esperando.

ADELFAS

Habituado al sufrimiento, ante el cual se vuelve el rostro, lo despreciamos. De hecho cargó con nuestros males.

Is 53, 3-4

Recurro a las adelfas para hablarles de Aristóteles,
de la belleza en Aristóteles.
Las cosas bellas no son siempre bondadosas.
Lo bueno puede estar a nuestro lado
sin fulgor aparente.

Ya lo sabía Leni Riefenstahl
cuando exalta en Olympia la perfección del cuerpo
y de la voluntad.
                                        También lo supo Stalin:
brillantes botas negras en conquista,
palmo a palmo, del reino de los hombres.

De un modo diferente,
el final de la historia consuma un trampantojo
tan nuevo y tan antiguo:
                                                    como adelfa
que esconde su veneno, lo hermoso nos subyuga
en muebles de Minotti, en dientes blancos,
en dorados anuncios de un perfume

que se llama *Égoïste.*
Nuestra angustia hace caja. También la soledad.
Wagner y el miedo causan vigorexia.
Es algo muy primario, porque somos primarios:
el triunfo de una tribu
que enmascara su instinto.
Y, como muchos,

también yo quise ser un macho alfa.
Mi brazo musculado ha dicho adiós
a un puñado de amigos en los últimos meses.
Hace un par de semanas he perdido a mi padre.
Sé fuerte, me decía, anticipando
el final de mi infancia,
porque esto es el final de aquella infancia.

Siempre la claridad viene de alguien
negado, desechado y enterrado
en el siglo primero de toda religión e inteligencia.
No había nadie en su tumba,
según iban diciendo unas mujeres
por todas las calzadas de un Imperio
que acaso está acabando en estas horas.

A su modo y manera,
el sabio de Estagira coincide con la Biblia:
a veces la bondad está en las cosas
sin belleza aparente.
Hay algo en el amor que es más hermoso
que la propia belleza.

ANÁMNESIS

Desde el periodo macabeo
confiesa el judaísmo que al final de la historia
será el triunfo del bien.

Cierta escuela hinduista
coincide en profesar la misma idea:
las cosas saldrán bien.
Si no han salido bien, no es aún el final.

En su *Tratado de esperanza*,
también Tomás de Aquino nos enseña
que, en la consumación definitiva,
lo bueno llegará sin merma alguna.
Y añade que estarán todos los seres
pasados y futuros:
si no están todos ellos, entonces no es el bien
ni es tampoco el final.

Adorno piensa en algo semejante
cuando pide justicia para aquellos
que perdieron su vida,
con diecisiete años y un fusil a la espalda
en trincheras de nieve.
Muchachos cuyos nombres se borraron;

esos por los que nadie
ha vuelto en lengua humana ni a llorar ni a rezar
una vez que sus madres
también ya forman parte del olvido.

Hay una parte de la misa
que llamamos anámnesis.

Porque no existe un bien más pleno
que el de estar todos juntos,
si el final de este mundo no es un acto
feliz para los vivos y los muertos,
no es aún el final,
                                        por mucho que amenacen
—como dice el profeta—
aquellos que no tienen esperanza.

SEMANA SANTA

Para Pablo García Baena, in memoriam

No es morada ni triste.
No sucede en Castilla,
sino en la Córdoba de Pablo.

Los cuerpos de los cristos son el hombre,
son Grecia fracasada por las calles.
Y el aroma de azahar, de incienso y cuero virgen
nos vuelve un poco locos
de tierna valentía.

Por los puentes se besan
la boca que padece y el gemido de gloria,
la tarde y la mañana,
la camisa partida
y la perla mojada.

Masculinos sin merma,
desfilan soldaditos desafiando
deseos muy guardados tras los velos de blonda
y algún torso velludo:
qué más da,
si nada hay más honesto que el instinto

que acoge entre su boca lengua ajena.

Católico es el caos, visigodo y romano.

De Dios va lleno el río,
transcurrir de un estar
que pone en carne el ser y sus misterios:
amar mucho,
morirse muy del todo
para un resucitar definitivo.

DE AETERNITATE MUNDI

El comienzo es una oportunidad única para
construir nuestro propio destino.
T. S. Eliot

Ir al supermercado
con un cesto de rafia y amasar
el pan en propio horno.
Rezurcir calcetines y vestirse
con ropa de parientes o de amigos.
Plantar en el jardín,
incluso en el balcón,
tomates y lechugas. Darle besos
al pan que se nos caiga de las manos.
Llevarte la comida que ha sobrado
en una fiambrera.

Regresan las costumbres que los muertos
frecuentaron en vida.
Parecen conducirnos al futuro
—pese a la decepción
que nos está mordiendo el alma—
retornando al pasado.

Tatuarse en el pecho
palabras de la *Eneida* o de la Biblia.
Creer en algún Dios
llamando a cada cosa por un nombre
de origen arameo o griego antiguo.

Llevar a nuestros hijos sobre el torso
y darles de mamar la propia vida
dejando en ti el veneno.

Apagar las bombillas de los cuartos sin nadie
y acabar un poema
que insiste en repetir la misma cosa.

No alejar al lector
de lo que ocurre en su instante.
Porque lo antiguo es ya mañana
y aguarda que lleguemos a su origen.

LA TORRE

La enfermedad vacuna
contra el perfeccionismo.

ANDRÉS NAVARRO

No es tan malo decir «aquí os quedáis»
cuando el pronóstico es tan claro.
Decirlo sin doblez, literalmente,
describiendo tan solo.
Y hacer con las palabras una torre
donde el texto no sea la cárcel de algún alma.

La torre ya está en pie y he estado dentro.
No la veré acabar,
pero la he visto levantarse.

No es el tiempo el guardián de la esperanza.
Más bien es la esperanza quien protege
al tiempo de sí mismo

—memoria, entendimiento, voluntad—:

es hora de creer en los que empiezan.
Las gentes de este siglo

no son menos capaces que las gentes de ayer.
El amor hará el resto.

Queda mucha belleza por venir,
porque es mucha la belleza presente.

PARQUE CENTRAL

Me lleva de cabeza el azul de estas flores.
Me cuesta comprender que el color de los cielos
pueda ser engendrado por la tierra.

Pero es cierta esta flor,
y aquella cuyo nombre desconozco;
todas las que salpican este *Parque*
Central que en los antiguos
andenes modernistas de Valencia
se mezclan con cipreses y romero.

También los camposantos son propicios a ellas,
o ellas propicias a las tumbas;
igual da que da igual,
                                        esto es un hecho:
son azules y flores,
                                    paganas y sagradas,
irreverentemente ajenas
                                            a métodos visuales.

Están bastante locas y devuelven
la luz de la razón a sus rediles:
la humildad y el asombro.
                                                Estrellas que anticipan

los cielos prometidos,
no es lógico que existan y, no obstante,
las puedes ver aquí,
manchando de milagro todo el suelo.

III

LA MIRADA DEL OTRO

Donde hay dos hay dolor y sin embargo
la vida solo empieza donde hay dos.

Luis Rosales

NO LUGARES

Son las descomunales escombreras
junto a los campos de patatas
en tierras de Castilla y en Dakota del Norte.

Anuncios de desvío,
kilómetros de yeso, barbacoas
y jóvenes con casco que conducen
maquinaria pesada y tienen novia
en una pedanía de Albacete.

Golondrinas que anidan en las peñas
y porciones de pizza, doble queso.

Hay caballos pastando, don quijotes de forja
y búfalos eléctricos de feria.
Semáforos mecidos por el viento
en una carretera de provincias
que en los años 80 fue famosa.
Duchas para viajantes. Gasolina en garrafas.
Mecánicos que apenas te saludan,
aun cuando miran a los ojos.

Y otra vez los montones de patatas
que esperan viajar lejos

sobre cintas transportadoras
y grúas monobrazo conducidas
por un tipo gordito
con una cruz armenia dibujada
sobre los pectorales.

Mudas lavanderías y algún aparcamiento
con carros de la compra sin su amo.
Buganvillas que fingen
las lindes de jardines con estatuas
de piedra artificial.

No lugares propicios a la no permanencia.

Con los ojos cansados de Cervantes
o los de Frances McDormand,
los viste en muchos sitios, pero nunca
pensaste que es tu casa.

TRANSUBSTANCIACIÓN DE UNA PERA

Como cuando una pera.
Jane Kenyon

Interior intimo meo et superior summo meo.
San Agustín

Cómo el aire, qué agua, cuánto estiércol,
es decir,
qué materia del mundo y de qué parte
del mundo y sus fatigas
conforman esta pera
que un chico se ha olvidado en el gimnasio
esta tarde de hoy,
31 de enero,
sobre un banco de pesas.

Qué mano la ha dejado a su fortuna
provocando un encuentro.
Qué me lleva a pensar que esta primicia
me aguarda desde siempre.
A causa de qué euforia le canto yo a una pera
y, lo que es más absurdo,
qué cobra aquí sentido
dudando, como estoy, de mis palabras.

Cuánta gloria en la pulpa
que alimenta mi boca
podemos comulgar en una tarde
sobre un banco de entreno.

Destino a qué otro modo
de desaparición significante
se encaminan ahora este fruto y mi cuerpo.

Y cómo este misterio me introduce,
más allá del cansancio,
más dentro de mi vida que yo mismo.

PEDAGOGÍA

La buena educación convierte en formas
la pérdida de fondo.
Conducir, conducirse, el buen camino
desemboca en lo ajeno.
Volcarse en otro vaso que no es vaso
y además está roto.

Nadie acompaña a nadie
que, a su vez, no nos lleve
cogidos de su mano.

La buena educación es fracasar
un poco menos solos.

ÚLTIMO APRENDIZAJE

No hay más pedagogía
que tomarse del brazo de los desconocidos.
Caminar junto a ellos nos conduce a nosotros.
Dejar la propia casa abre las puertas
que regresan a casa.
Se llega a comprender si estás muy solo.

TÍO VANIA

Haruki Murakami

Tenemos 2 opciones:
cancelamos la obra
o pones en escena al personaje
que tú mismo has escrito.
El público ha comprado sus entradas.
Entrégales lo suyo, lo pactado.
Acaba de nacer convirtiéndote en otro.

LOS ESTADOS BRUTOS

¿Y si, de improviso,
las cosas dejaran de fingir?
RAFAEL GUILLÉN

Le han partido la ceja varias veces,
siempre en el mismo sitio.
De *los estados transparentes* nada sabe.
Son brutos todos sus estados,
sacos de arena y moratones,
otro cuerpo de roca contra el suyo.

Cómo nos conocimos, no lo sé;
supongo que no quiero recordarlo:
la huella de ese asalto fue el futuro,
es decir, ahora mismo.
Por eso he dicho antes
que todo ha sido bruto entre nosotros,
y *todo* implica el alma.

Cómo una ola de conciencia, vino
la materia a campar por sus impulsos.
Ignoro por completo su estatura;
la materia no cuenta sus edades.
Forma parte de nuestro desconcierto.

Su instinto nunca lleva camiseta,
viste tan solo pantalones
de púgil marca *Venum.*
En cambio mi desnudo es más incauto:
ocurre en las palabras.
Pero fuimos belleza en movimiento;
quizá más movimiento que belleza.
Dos rudos animales que se entienden.

El texto de su vida lo he leído
directamente con la lengua
sobre su ceja partida.
Es algo que no puede traducirse.
Yo dije, sin embargo, muchas cosas,
pero nada entendió, salvo mi abrazo
y unos cuantos mordiscos.

Un cachorro con botas de boxeo
y un poeta que escribe mercromina.
Ocurre algunos viernes.

SENSUS

Si dejas de avanzar, la luz se apaga.
El sensor fotoeléctrico,
en el pasillo de este hotel,
no revela presencias.
Solo detecta movimientos.

Tu mirada, no obstante,
aun en lo oscuro advierte un pulso.
No puedo demostrarlo.
Hay cosas que es mejor creer a ciegas
y esperar en silencio.

SECUENCIA

En un momento dado,
busca la protección de la otra actriz,
asustadas las dos bajo la fría
mirada del equipo de rodaje.
El director se da cuenta.
Ordena que la escena continúe.
Comienza en ese instante a ser palpable
la esperada verdad.
                                        No siguen el guion.
Se han perdido y recurren mutuamente a los ojos
de la chica de turno suplicando un indicio
de la trama no escrita.
                                        Se inventan el amor:
qué decir, cómo actuar.
Cómo llevar a término una historia
no pactada con nadie, completamente fuera
de la capacidad del guionista.
La cámara se traga
esta improvisación como el desnudo
de un relato vestido, como arranque
de un final no anunciado.
                                        Es la secuencia
que salva un mal proyecto y ha de ser recordada
cuando se olvide este metraje,

cuando pase sin gloria
por los ojos de aquellos que miran en lo oscuro.
Los ojos del extraño, nuestros ojos.
Su ausencia de pudor. Fundido en negro.

HOSPITAL DE INOCENTES

Alguien grita en la calle. Pide la protección
de la Guardia Civil mientras insulta
a la Guardia Civil, a alguna antigua novia
y al grupo de curiosos que en la acera
de enfrente nos paramos a escucharlo.

Es esta una ciudad para los locos.
No es casual que a principios
de un floreciente siglo XV
naciera en las murallas de esta urbe
el primer hospital para dementes
conocido de Europa:
Hospital dels innocents, folls e orats,
al que luego se unieron prostitutas,
y en cuya puerta se abrió un torno
en donde abandonar recién nacidos
bajo custodia de una Virgen
para desamparados.

Una emergente burguesía
de comerciantes y banqueros
quiso que el hospital curase la locura
con baños de agua dulce, legumbres y algún baile
para consuelo de las almas.

El hospital se ha abierto
y andamos todos sueltos por las calles:
los huérfanos, los locos, las rameras,
monitores de yoga y ancianas con carrito,
repartidores de comida en bici,
agentes de uniforme y asesores
de bolsa, vizcondesas y rumanas
gritando cada cual a su manera.

Yo soy uno de ellos.
Ese es, al fin y al cabo, mi destino:
fundirme con los locos
y en ellos comulgar lo que no entiendo
de mí, de ti, de Dios, de todos juntos.

De qué le vale a un hombre ser eco de los dioses
si no ha aprendido a hablar la locura en su idioma.

Habla clara en las calles
                                        lo que callan los sabios:
la santa enfermedad de la inocencia.

ESTO

Sufro trastornos que, a menudo,
son ficción y verdad de un mismo modo:
me convierto en personas
que nunca he conocido y, sin embargo,
ocupan mi existencia por un rapto confuso.

Debe de ser una patología,
una dolencia de la mente
a la que aún no han puesto nombre.
Como asunto del alma, sí lo tiene:
la llamamos angustia.

Estoy en alta mar. Noche cerrada
frente a las costas de Turquía.
La barca de neumáticos se ha hundido.
La veintena de sirios que viajamos en ella
flotamos sin un rumbo.
Apenas quedan fuerzas. Se oyen voces
que llaman a otras voces
que intentan responder y, al cabo de las horas,
van dejando de oírse.
Llevo a mi hijo de la mano.
Él se aferra a la mía. Poco a poco

ya no aprieta mi mano.
Milímetro a milímetro,
ya no siento la suya.
Grito entonces su nombre,
y el resto es esta elipsis
—quizás adrenalina—,
una amnesia autoimpuesta que me arrastra a la costa.

No hay nadie en esta playa.
La única noticia es una foto
que da la vuelta al mundo:
su camiseta roja, pantalones azules.
Tiene solo tres años
y yace boca abajo entre las olas.

Es la Isla de Kos.
Y yo estoy en Valencia suspendido en el rapto.

No hay morada de amor que no esté rodeada
por un foso de infierno.

Y, ahora que he cruzado de nuevo esta frontera,
te vuelvo a preguntar:
si eres ese que cabe y que no cabe
en la palabra Dios,
si entero me entregué
y nunca me has mentido,
si estamos cara a cara

y en tu luz cada asunto
por fin halla respuesta,
por qué no entiendo
esto.

DE HUMANITATE

Este libro, estas letras
han sido reveladas por un Dios olvidado
en la forma que suele:
encarnándose en otro.

Ocurrió en una playa
entre Almería y Murcia.
Un hombre sale ahora del trabajo
en un invernadero.
                                        Baja al mar.
Lava sus pies entre las olas.
Extiende una toalla
—o algo parecido a una toalla—,
se sienta sobre ella
y esconde la cabeza en sus rodillas.

Son nadie los que advierten su figura.

Mis ojos se levantan desde el libro
que tengo entre las manos.
Leo en él —en el hombre sentado en la toalla—
la conclusión del libro
que tengo entre las manos, la respuesta

sobre quién soy yo mismo y sobre todos
los hombres que una vez se preguntaron.

Levanta la cabeza.
Advierte mi mirada, me devuelve la suya.
Siento cierto pudor
ante la transparencia de sus ojos
azules que se cruzan con los míos.

Hay algo que ha cambiado en esta orilla.
Soy el mismo de antes y, no obstante,
ya no soy el que era,
un bañista leyendo,
                    un tipo que miraba.

Soy el hombre mirado
por alguien que no existe.

ÍNDICE

I. UNA PALABRA SUYA

II. EL TODO EN EL FRAGMENTO

III. LA MIRADA DEL OTRO

Este libro se acabó de imprimir el
23 de septiembre de 2024, día
en el que murió Pablo Neruda
51 años antes.